AU TEMPS DE...

la Préhistoire

avec *Les Jumeaux du clan du loup*

Un récit inédit de Claudette Lecuyer

Sommaire

ISBN : 209-121675-5

Les Jumeaux du clan du loup

Cette histoire se passe il y a environ 6 000 ans…

Lors d'une effroyable tempête, Asila et son frère jumeau Arek, deux enfants de 9 ans, sont entraînés loin de leur tribu par des torrents de boue.

Asila se retrouve seule dans un endroit qu'elle ne connaît pas. Meurtrie et épouvantée, elle est recueillie par une femme au visage doux : Skana. Skana n'appartient pas au clan d'Asila et sa langue et ses coutumes sont différentes.

Skana et sa famille quant à eux ont dû marcher longtemps pour échapper aux inondations et aux tremblements de la terre.

Grâce à la présence de Nataa, la fillette de Skana, Asila arrive peu à peu à s'habituer à son nouvel environnement et à se faire comprendre. Mais le fait qu'elle ait un frère jumeau marqué du même signe trouble son entourage...

Asila

Arek

Âgée de 9 ans, elle a un frère jumeau : **Arek**. Elle vient d'être recueillie par une famille qui n'est pas de son clan. Elle ne sait pas ce qu'est devenu son frère après la tempête qui les a séparés.

Nataa

Fille de Skana. Elle se lie d'amitié avec Asila.

Skana

Mère de Nataa, c'est elle qui a recueilli Asila. Elle est enceinte.

Sikks

Compagnon de Skana.

Gaal

Jeune frère de Nataa.

Alian

Sorcier du clan des huit huttes.

1

Asila et Nataa sont devenues amies, mais beaucoup de choses les séparent encore…

– Qui est Arek ? demanda un jour Nataa à Asila, étonnée de l'entendre appeler ce prénom toutes les nuits.

Asila se mit à sangloter. Quand elle se calma, elle finit par répondre :

– C'est mon frère, mon jumeau.

– Qu'est-ce que c'est un jumeau ?

– On est nés ensemble, en même temps.

Nataa ne comprenait pas. C'était la première fois qu'elle entendait une chose pareille.

– Il n'y a pas de jumeaux, chez vous ? demanda Asila.

Nataa ne savait pas. Peut-être, après tout. Et si sa mère attendait des jumeaux ? Son ventre était bien plus gros que lorsqu'elle attendait Gaal, son petit frère.

– Et vous avez quel âge ?

– Une main et presque l'autre main.

– Tu ne sais pas compter ?

Nataa allait de surprise en surprise.

– Compter, qu'est-ce que ça veut dire ? interrogea Asila.

– C'est… C'est… C'est par exemple dire le nombre de saisons qui sont passées depuis que vous êtes nés. Toi, tu dois avoir neuf ans.

– Et c'est bien ?

– Ce n'est ni bien ni mal. Ça veut dire que tu es un peu plus jeune que moi.

– Et tu vis encore seule avec tes parents ?

– Bien sûr, je n'ai pas encore l'âge d'avoir un compagnon.

– Moi, dit Asila, s'il n'y avait pas eu la pluie, je serais dans le clan et... et dans une lune, il y aurait eu la cérémonie des couples.

Nataa ne dit rien. Elle attendait la suite, fascinée. Asila continua :

– Gurb le sorcier allait me donner pour compagne à Chesk le chasseur. Tu sais, Chesk est doux et fort et il sait très bien reproduire les belles peintures qu'il y a dans les grottes.

– Chez nous aussi, dit Nataa, il y a de belles peintures d'animaux sur les parois des grottes. Il paraît qu'elles portent chance pour la chasse. Et Arek, ton frère, est-ce qu'il allait avoir une compagne ?

– Non, ce n'est pas la même chose pour les garçons. Il doit d'abord devenir un bon chasseur avant de prendre une compagne. Ce sera sans doute la jolie Tahann... Elle a juste... comme ma main.

– Cinq ans, traduisit Nataa.

– Si tu veux, répondit Asila. Cinq ans, répéta-t-elle.

– Viens, je vais te montrer quelque chose, dit Nataa.

Et elle courut, suivie d'Asila.

Elles arrivèrent à un passage entre les arbres. Un rideau de branchages dissimulait l'entrée d'une petite grotte. Nataa prit Asila par la main et l'entraîna. Il faisait de plus en plus noir au fur et à mesure que les fillettes avançaient, courbées en deux pour ne pas heurter le plafond de la grotte. Et puis le chemin s'élargit brusquement et une lumière apparut. Asila frissonnait de peur, mais Nataa était là.

– Suis-moi, chuchota-t-elle.

Elles arrivèrent à l'extrémité de la grotte. Des lampes brûlaient, en jetant de grandes ombres sur les parois. Et sur les parois...

Jamais Asila n'avait rien vu de plus beau. Il y avait des troupeaux de chevaux gravés dans la roche et de grands **bisons** dessinés d'un grand trait noir et peints d'une couleur qui ressemblait à la terre jaune. Certains animaux étaient dessinés précisément, d'autres étaient représentés par leurs contours seulement.

– C'est ça que je veux faire ! soupira Asila, émerveillée.

– Mais tu n'as pas le droit ! s'écria Nataa, épouvantée. C'est sacré !

– Mais...

– Tais-toi ! poursuivit Nataa, horrifiée. Si l'on veut avoir de bonnes chasses, les chasseurs dessinent les animaux, tu entends, seulement les chasseurs. Et toi, tu es une fille ! Il a raison,

Sikks, il pense que tu vas nous attirer des malheurs…

Asila baissa la tête. Elle était ennuyée d'avoir contrarié son amie, mais elle pensait qu'elle avait le droit de dessiner, comme les hommes, même si ça ne se faisait pas. Chez elle, dans son village, on dessinait des animaux mais surtout des hommes et des femmes avec leurs vêtements. Les hommes avaient un arc pour chasser.

Nataa regretta ce qu'elle venait de dire à propos de Sikks. Elle ne voulait pas faire de peine à Asila. Et puis ces peintures, c'étaient des hommes qu'elle ne connaissait pas qui les avaient faites.

2

Nataa apprend à Asila que sa mère va bientôt accoucher. Quand elles reviennent au campement, l'atmosphère qui règne dans la hutte est très étrange…

Les deux fillettes étaient sorties de la grotte sans se parler. Toujours silencieuses, elles avaient regagné la hutte. Quelque chose leur paraissait bizarre. Skana n'était pas en train de faire cuire les aliments, comme elle le faisait d'habitude, juste à l'entrée de la tente. Le feu était presque éteint. Tout paraissait désert.

Sikks apparut, venant du fleuve, suivi du petit Gaal. Il avait sa tête des mauvais jours. Asila n'osa pas lui demander où était Skana. Pourtant elle devinait qu'il se passait quelque chose de grave. L'homme et le petit garçon entrèrent dans la hutte.

– Viens, ne restons pas là ! dit Nataa. Je vais préparer le repas. Tu vas m'aider !

– Mais où est ta mère ? demanda Asila.

– Le moment d'avoir le bébé doit être venu pour elle. Elle va revenir avec un petit enfant bien serré dans des peaux.

– Et il n'y a personne avec elle ?

– C'est comme ça que cela doit être, fit Nataa. On ne devrait pas en parler.

– Mais elle est si vieille..., soupira Asila, soucieuse.

– Les femmes de chez nous ont des enfants, même à son âge, dit Nataa, en prenant à deux mains la grande marmite de peau humide. Coupe ces légumes en petits morceaux avec ce **silex** !

Asila n'avait jamais tenu un objet taillé de cette façon. La lame n'était pas très effilée, mais juste aplatie sur les côtés. Elle réussit à couper les légumes en petits dés.

– Qu'est-ce que c'est ? demanda-t-elle à Nataa.

– Ça ? Je ne sais pas comment on les appelle.

Asila était un peu déçue de ne pas savoir le nom de tous ces légumes. Enfin, du moment que ça se mangeait !

– Mais comment ça pousse ?

– Ça pousse tout seul. Tu comprends, on n'a pas le temps de planter, on voyage tout le temps.

Au loin, une silhouette avançait. La femme tenait quelque chose bien serré contre elle. Asila se précipita mais Nataa l'empêcha de courir.

– Lâche-moi ! fit Asila, furieuse. Tu vois bien que c'est Skana et...

– Laisse-la ! ordonna sèchement Nataa. Il y a des choses qu'elle doit faire avec le bébé avant d'entrer chez nous. Il faut la laisser tranquille. Dans notre clan, elle aurait dû habiter seule jusqu'à ce que le sorcier reconnaisse l'enfant. Ici, elle peut vivre avec nous, mais il faut lui laisser un peu de temps.

– Ça s'est passé comme ça quand ton frère est né ?

– Oui, le sorcier a présenté le bébé au clan et il a dit : « Cet enfant s'appellera Gaal ». On était étonnés, parce que ce n'est pas un nom de chez nous, mais le sorcier l'avait décidé... Et puis, il lui a fait une marque sur la cuisse pour qu'il soit protégé par un **totem**. Il lui a donné un totem puissant, celui du bison.

Asila dit qu'elle comprenait, parce que dans son clan, il y avait aussi des totems.

– Chez nous, c'est Gurb, le sorcier qui nomme les enfants. Il leur met la marque du totem du clan.

– Et qu'est-ce que c'est, cette marque ? C'est la même pour tous les gens du clan ? demanda Nataa.

– Oui, pour nous, c'est la dent du loup, parce que le loup est un animal fort et intelligent. Tu sais, on a même des loups qui sont nos amis. On les caresse et ils nous lèchent les mains. Regarde la marque, elle est là, sur mon front. Tout le monde a la même, chez nous.

– Alors ton frère jumeau aussi a cette marque sur le front ? Si c'est comme ça, tu vas peut-être le retrouver, un jour. On va demander à tous les gens qu'on rencontre s'ils ont vu un garçon avec cette marque sur le front.

Asila portait sur son front la marque de la dent du loup, le totem de son clan.

Asila se sentit heureuse, tout à coup. Nataa avait raison. Grâce à la dent du loup, elle allait peut-être retrouver Arek.

– Sans compter qu'il me ressemble ! On a exactement le même visage, les mêmes cheveux.

– Tu vois, ce ne sera pas difficile de le retrouver ! assura Nataa, tout en retirant avec précaution la grande marmite de peau du feu.

Aide-moi ! commanda-t-elle à Asila. Elle remplit de soupe deux coupes en os qu'elle tendit à Asila.

– Porte-les à Sikks et à Gaal. Ils sont à l'intérieur. Moi j'apporte le repas de Maman. Nous mangerons après.

3

En faisant attention de ne rien renverser, Asila pénétra dans la hutte. Malgré le peu de lumière, elle aperçut Skana, assise, le dos appuyé contre les peaux de la paroi de la hutte. Personne ne parlait. Asila ne connaissait pas la coutume. Elle crut que ce silence était normal. Elle se pencha pour donner la coupe à Sikks et fut surprise lorsqu'il leva la main avec rage pour l'écarter. Elle rattrapa la coupe de justesse et s'approcha de Skana. Le visage de Skana était défait. Ses yeux bleus étaient gonflés, ses nattes dénouées pendaient sur son front et ses joues rouges. Elle aussi repoussa la coupe. La fillette ne savait plus que faire. À ce moment, Nataa entra et fit signe à la petite fille de sortir.

– Il y a quelque chose qui ne va pas avec le bébé, dit Nataa. Je ne sais pas ce que c'est, mais j'ai peur.

Tout à coup, Sikks sortit comme un fou. Il se dirigea droit vers Asila. Un instant, Asila crut qu'il allait la battre, mais Sikks n'était pas menaçant. Il paraissait plutôt effrayé, il la regardait avec horreur. Enfin, il parla d'une voix basse :

– Tu nous as apporté le malheur, fille du loup ! Et maintenant, il n'y a plus qu'une chose à faire et cette chose va briser le cœur de Skana et ce sera ta faute ! Nataa, fais-la partir le plus loin possible de nous ! Elle est maudite par notre mère la Terre. Elle a raconté de mauvaises choses à Skana, elle lui a dit qu'ils étaient deux dans le ventre de sa mère, deux, comme deux amandes dans la même coque ! Et maintenant... Maintenant... Va-t-en ! hurla Sikks.

Asila ferma les yeux, puis, tout d'un coup, elle se retourna et s'enfuit. Nataa la rattrapa, mais Asila courait sans regarder son amie. Sans le vouloir, elle allait droit vers la grotte où il y avait de merveilleux dessins.

– Attends-moi ! cria Nataa.

Asila était déjà entrée dans la grotte. Nataa se demandait ce qu'elle devait faire. Si Asila voulait partir, c'était très bien. C'est ce que Sikks avait ordonné. Mais Asila était trop jeune, elle ne saurait pas vivre toute seule. Le cœur gros, Nataa repartit. Elle en parlerait à sa mère, et sa mère saurait quoi faire. Skana savait sûrement ce qu'il fallait faire mais, en ce moment, elle avait des soucis !

Sikks accusa Asila d'être maudite et de porter malheur, il la chassa brutalement…

Asila réfléchissait. À l'intérieur de la grotte, les lampes brûlaient toujours, preuve que des hommes venaient régulièrement. Si jamais ils la trouvaient dans cet endroit sacré, ils la tueraient sans doute. Elle devait partir, mais avant, il fallait qu'elle fasse quelque chose. Elle chercha autour d'elle et trouva un morceau de bois noirci par le feu. Elle le prit et s'approcha de la paroi. Il y avait juste un peu de place entre deux **aurochs**. Sans trembler, elle dessina la silhouette d'une femme, comme elle en avait vu dans son clan. La femme avait une petite tête, des bras fins, une poitrine menue. Son ventre et ses jambes étaient bien ronds, parce qu'une femme doit être comme ça pour devenir une mère. Bien, c'était très bien ! Maintenant, il fallait partir au plus vite ! Asila avait faim, mais il fallait marcher cette nuit même, à la clarté de la lune.

4

D'après Sikks, la malédiction s'est abattue sur sa famille car sa femme vient de donner naissance à deux enfants, à des jumeaux. Il faut donc supprimer celui qui est en trop. Pour cela, la famille doit partir à la recherche d'un sorcier...

Dans la hutte, rien ne bougeait. Lorsque Nataa entra, elle vit la chose la plus extraordinaire du monde. Skana donnait le sein à deux bébés. Sikks baissait la tête. Il se leva et s'approcha de Skana. Enfin, il parla :

– Tu sais ce que nous devons faire !

– Non ! répondit Skana. Je refuse de choisir un enfant.

– Alors, je vais choisir, puisqu'il n'y a pas de sorcier pour le faire ! dit tristement Sikks. Et tu n'as rien à dire ! ajouta-t-il. C'est ainsi ! Deux enfants, c'est une malédiction. Notre Mère la Terre nous l'interdit. Nous devons obéir.

Skana serra contre elle les deux enfants.

– De toute façon, ajouta Sikks, on n'a jamais vu grandir deux enfants nés en même temps. Tu vois, cette fille, Asila, elle est seule, son frère n'a pas pu vivre, la Mère Terre n'a pas voulu. Tout est de sa faute ! gronda-t-il. C'est elle qui a fait venir ces monstres chez nous. Je vais emmener le plus petit des deux et nous garderons le plus fort.

– Laisse-les moi encore un peu ! supplia Skana. À la prochaine lune, nous ferons comme tu as dit.

Sikks réfléchit. La lune était pleine, ce soir-là, ce qui laissait beaucoup de jours et de nuits à Skana. Il valait mieux partir à la recherche d'un sorcier. Le sorcier dirait ce qu'il fallait faire des deux enfants. Sikks demanda à Skana de préparer le voyage. Ils allaient partir le lendemain, au petit matin, en emmenant les chevaux, les chèvres et les moutons.

Dans l'aube grise, Sikks, sa femme et leurs enfants se mirent en marche. Skana avait placé les nouveau-nés sur son dos, emmitouflés dans une fourrure cousue à son vêtement, comme une poche. À ses côtés, Nataa avançait, portant le sac de médecine. Devant elles, Sikks marchait, l'air sombre. On ne voyait que son dos et ses cheveux d'un blond roux que le vent dressait comme des flammes. Les bêtes les accompagnaient, les chevaux allaient au pas, lourdement chargés des peaux de la hutte, des vêtements de la famille et des instruments de cuisine. Les chèvres et les moutons broutaient ce qu'ils trouvaient sur leur passage.

Ils allaient ainsi tant que durait le jour. La

Dans l'aube grise, Sikks, sa femme et leurs enfants se mirent en marche.

nuit, ils dormaient sous des fourrures épaisses.

Au bout de quelques jours, ils découvrirent un lac à l'abri d'une colline. L'eau du lac était calme et chaude car elle était protégée du vent.

– Arrêtons-nous, dit Sikks. Il y a assez de gibier d'eau et la colline est bien placée. On peut voir au loin.

Avec l'aide de Skana et de Nataa, il fabriqua un radeau pour aller sur l'autre rive du lac ; il en revint avec de nombreux gros poissons.

– Comme on pourrait vivre heureux, ici ! soupirait Skana. Si seulement je pouvais garder mes deux bébés ! Si seulement Asila était avec nous ! Mais les jours passent et nous n'avons encore rencontré personne !

Elle prépara le poisson puis le saupoudra de bonnes herbes avant de le mettre au-dessus du feu.

Sikks était parti en radeau pour explorer les alentours. Il n'oubliait pas leur but, ni les bébés, mais il pensait pouvoir revenir un jour s'installer ici, avec sa famille.

5

Après avoir quitté la grotte, Asila se mit à marcher, sans savoir où aller. Une fois de plus elle se retrouvait seule…

Asila avait bien compris qu'elle portait malheur et qu'elle devait partir loin de ceux qu'elle s'était mise à aimer. « Il faut que j'arrête de penser à Nataa, aux bébés et à Maman Skana ! » se répétait-elle. Car elle savait que, sinon, elle n'aurait pas la force de partir. Alors elle fit le vide dans sa tête et essuya ses larmes.

Dans la nuit, le souffle du vent ressemblait à un long cri triste. Des nappes de brouillard couraient sur le sol. Épuisée, Asila s'allongea à terre. Elle plongea immédiatement dans un sommeil peuplé de rêves. Elle vit Arek son jumeau en train de tailler un silex près d'un homme inconnu, dans une tribu étrange. Arek était en vie, elle en était sûre ! Le rêve le disait clairement.

À son réveil, un soleil tout neuf éclairait la terre. Asila reprit courage. Il fallait d'abord songer à la nourriture, car elle avait faim et ne pouvait compter que sur elle-même.

« Ô Grande Mère Terre, pria-t-elle, ne me laisse pas seule trop longtemps ! »

Elle ramassa quelques pierres coupantes qu'elle mit dans un sac de peau noué à son pantalon. Faire du feu, cueillir des fruits et des **baies**, c'était facile. Elle eut la chance de trouver des œufs dans le nid de deux petits rapaces qui tournoyaient. Avec adresse, elle lança ses pierres coupantes et elle eut la chance d'atteindre un minuscule lapin. Asila reprenait confiance. La Grande Mère voulait donc qu'elle vive puisqu'elle lui donnait de la nourriture.

Asila compta sur ses doigts cinq nuits, après quoi, elle ne sut plus compter. Les jours passaient et le vent devenait glacial. Asila décida de réunir beaucoup de provisions et de marcher en s'arrêtant le moins possible jusqu'à ce qu'elle rencontre une tribu. Seule, elle mourrait, elle le savait.

« Mais qui voudra de moi ? Je porte malheur... », se disait-elle.

Elle rentra dans une forêt sombre. Elle apercevait à peine la lumière du jour à travers le feuillage épais. Elle marcha sans s'arrêter et s'enfonça de plus en plus. Comme le soir tombait, Asila s'arrêta, épuisée et grelottant de fièvre. Elle se força à allumer un feu avant de s'écrouler endormie.

Soudainement elle sentit quelque chose la soulever délicatement, elle entrouvrit alors un œil et vit un chasseur qui lui souriait.

Pendant ce temps-là, Sikks remontait la rivière qui serpentait sur le flanc de la colline. À un moment, il accosta près d'une petite clairière. Il foula les hautes herbes. Il avança et, aveuglé par le soleil, il ne vit pas l'homme immobile, dressé devant lui, un arc à la main, prêt à tirer. Sikks s'arrêta net. Il fit un signe pour montrer qu'il n'avait aucune mauvaise inten-

tion. L'homme ne baissa pas son arc. Tout en visant Sikks, il commença à parler et Sikks fut surpris de comprendre son langage.

– Vous êtes combien ? demanda l'homme, en jetant enfin son arc pour parler avec des gestes et des mots.

– Moi, Sikks, ma compagne et ses trois... quatre enfants.

L'homme se moqua :

– Tu ne sais même pas compter les enfants de ta compagne ?

Gêné, Sikks baissa la tête.

– C'est que..., commença-t-il. Il y a deux nouveau-nés, ils sont nés hier.

L'homme recula comme si on l'avait brûlé.

– Va-t-en, ne reste pas là ! Tu apportes le malheur.

6

Proche de l'endroit où il a accosté, Sikks rencontre un vieillard qui lui propose de s'installer avec son clan et d'attendre la fin de la chasse…

Pendant que les deux hommes parlaient, un vieillard venait d'arriver. Très maigre, il avançait d'un pas hésitant.

– C'est à moi de décider, dit-il d'une voix ferme avec des gestes lents.

L'homme ne protesta pas. Au fond, il était soulagé que le vieil homme dise ce qu'il fallait faire.

– Nous sommes trois familles, poursuivit le vieillard. Ce serait bien si tu t'installais ici. Il n'y a jamais trop de familles dans un campement. Mais il faut régler la question des bébés ! Moi, j'ai déjà connu cela et je ne suis pas sûr de ce que veut notre Mère la Terre. Un jour, il faudra que vous repreniez le voyage pour voir un sorcier. En attendant, nous pouvons vous aider à construire votre hutte, à côté des nôtres. Vous partirez après la chasse.

Les trois huttes apparaissaient plus loin. Elles étaient si basses que Sikks se demandait comment on pouvait y tenir debout. Il remarqua qu'elles étaient faites de roseaux et de branches assemblés par de la boue. Le toit en pente était couvert d'une couche épaisse et brune. On devait y être plus à l'abri que dans sa propre hutte de peaux.

– Comment se fait-il que je ne voie que vous deux ici ? demanda Sikks.

L'homme qui se nommait Alep siffla longuement. Alors, on vit arriver d'on ne savait où des hommes, des femmes et des enfants. Sikks faillit éclater de rire car ils avaient tous une tignasse rousse et les yeux bridés. Ils étaient de petite taille, mais, ce qui était le plus étonnant, c'était la forme de leur tête. Ils ressemblaient un peu à Asila, avec son front court, mais le leur était plus arrondi. Ils se tenaient tous là, à le regarder comme une bête curieuse.

Le vieillard leur parla avec des gestes brefs. Il leur dit d'accueillir la famille de cet homme, que c'était bien pour la chasse et que la fille de cet homme qui disait s'appeler Sikks ferait une compagne pour un de leurs fils. Puis il s'éloigna sans attendre leur réponse. Alep dit alors à Sikks qu'il pouvait aller chercher sa famille et que les hommes l'aideraient à construire sa hutte.

Sikks, revenu sur l'autre rive du lac, fit le récit

de sa rencontre. Skana s'empressa de réunir tout ce qu'ils possédaient et ils se dirigèrent vers le radeau pour gagner la clairière sur l'autre bord. Les bébés nouveau-nés étaient très sages. Ils ne gênèrent pas Skana pendant toute la durée de la traversée. Lorsqu'ils eurent touché terre, les nouveaux arrivants furent accueillis par les habitants du campement. Les femmes aidèrent Skana et Nataa en les déchargeant de leurs sacs. Elles leur montrèrent la hutte d'Alep où leur famille passerait la nuit. Illa, la compagne d'Alep, désigna à Skana l'endroit où elle pourrait cuisiner. Après quoi, on les laissa seules.

Sikks, lui, avait rejoint les hommes. Tous parlaient de la prochaine chasse au cerf.

Illa s'approcha de Skana, avec un regard rapide en direction des deux bébés.

– Laisse donc ce récipient de peau ! dit-elle. Regarde ce que je t'ai apporté.

Elle tenait une énorme marmite de terre cuite. Elle la posa sur le sol avec précaution.

– Fais attention ! C'est fragile !

Skana n'osait pas toucher à la marmite.

– Prends-la ! dit Illa en souriant. Je te préviens, c'est très lourd.

Illa avait dit vrai. La marmite pesait autant que les deux bébés réunis. Skana y versa les légumes et la viande en morceaux, ajouta l'eau et installa l'étrange ustensile sur le feu, en équilibre sur un assemblage de pierres.

– Tu verras, la soupe qui cuit dans cette marmite aura un goût délicieux, assura Illa.

Skana remercia avec les gestes qui convenaient puis elle entra dans la hutte en tenant les bébés contre sa poitrine. Nataa et Gaal suivirent leur mère. Il faisait très sombre à l'intérieur. Pourtant, Skana trouvait que c'était merveilleux. Il y avait ici tant de choses qu'elle ne connaissait pas...

– Qu'est-ce que c'est ? souffla Nataa à voix basse, en montrant un tas de roseaux dans un coin.

Skana, qui devait se tenir courbée pour ne pas cogner le toit de sa tête, s'approcha du tas et, après avoir posé les bébés, toucha les roseaux.

– À quoi ça sert ? demanda Nataa.

Skana n'en savait rien. Tout était si étrange, ici !

Illa entra. Elle comprit l'étonnement de Skana et de Nataa.

– Ça, c'est pour faire des choses.

– Quelles choses ? osa demander Nataa.

– Des choses comme ça. Et elle montra aux deux femmes des paniers de toutes les tailles faits de roseaux tressés.

– Mais les roseaux sont trop durs, on ne peut pas les tordre ! fit Nataa.

– On peut les ramollir en les trempant dans l'eau. Je t'apprendrai, promit Illa.

Les jours passèrent. Skana s'inquiétait, elle avait peur de voir la prochaine lune pleine. Sikks avait dit que cette nuit-là, il prendrait l'un des bébés.

Les préparatifs de la fête des chasseurs avançaient. On attendait la lune pleine et une nuit, elle fut là. Les hommes s'étaient peint le corps et le visage d'**ocre** et de noir, comme il fallait le faire pour que la magie ait lieu. Un très jeune homme, nommé Kam, s'était coiffé des **bois d'un cerf**. Ce soir, il était le cerf. Il devait danser une danse qui simulerait la mort du cerf. Mais il était décidé à ne pas se laisser attraper et frapper facilement.

Les hommes s'éloignèrent des huttes. Ils allumèrent un grand feu et la chasse commença. Kam fuyait avec agilité. Un chasseur le poursuivait, et l'obligeait à aller là où un autre chasseur l'attendait. Kam allait être atteint et puis, d'un mouvement vif, il s'échappait. Enfin, il se laissa abattre. Il tomba lourdement et ne bougea plus. Les hommes crièrent leur joie. Demain, la chasse serait bonne...

Kam s'écroula lourdement. Demain, la chasse serait bonne…

7

Le lendemain, les chasseurs tuèrent un cerf magnifique. Et les femmes ajoutèrent les délicats morceaux de viande rôtie à la soupe odorante.

Le soir même, on raconta la chasse en dansant. Alep, qui avait atteint l'animal, mima la poursuite et le coup final. Il ajouta que les songes lui avaient montré un territoire de chasse où l'on pouvait trouver les derniers aurochs. C'était loin d'ici, à plusieurs journées de marche.

Et l'on décida de demander à la lune d'accepter la chasse à l'aurochs.

Sikks était soucieux. S'il accompagnait les hommes du campement à la chasse à l'aurochs, une nouvelle lune monterait dans le ciel et les jumeaux seraient toujours là ! Il alla demander conseil au vieillard.

– N'aie pas peur ! assura le vieil homme. C'est la lune qui le veut ainsi. C'est elle qui veut qu'Alep emmène les hommes à la chasse à l'aurochs. Ne crains rien, un jour, tu auras ta réponse, pour tes enfants !

Et Sikks se dit que le vieil homme avait sans doute raison. Il regarda la nouvelle hutte qu'il avait construite, avec son toit de **tourbe**, et il pensa que Mère la Terre n'était pas vraiment fâchée.

Les jours passaient. Skana et sa fille apprirent à coudre les peaux avec de fines aiguilles d'os percées d'un chas minuscule. Elles apprirent à pétrir l'argile, à en faire des poteries qui servaient à la cuisine et à la vie de tous les jours, à les décorer de lignes gravées et à les faire cuire pour qu'elles résistent à l'eau.

Les bébés grandissaient à vue d'œil. Jamais ils ne pleuraient mais ils ne supportaient pas d'être séparés. Nataa les tenait souvent dans ses bras et elle se disait qu'elle allait être bien malheureuse quand Sikks prendrait l'un d'entre eux. Ils n'avaient pas encore de nom, puisqu'il n'y avait pas eu de cérémonie. Nataa pensait beaucoup à Asila mais elle n'osait en parler à Skana.

Le jour de la chasse à l'aurochs arriva. La veille, les chasseurs s'étaient réunis pour la danse de l'aurochs, mais la lune s'était cachée derrière un nuage, on ne savait donc pas si elle acceptait cette chasse...

Au petit matin, les chasseurs se mirent en marche. Ils cheminèrent plusieurs jours, se nourrissant de viande séchée, de fruits et de

Après plusieurs jours de marche, Sikks et ses compagnons rencontrèrent par hasard un jeune garçon…

baies. Ils traversèrent une forêt sombre. Le feuillage était si épais que la lumière du jour pénétrait à peine. Et ils marchaient. Ils ne s'étaient jamais aventurés aussi loin. Dans le ciel, la lune montra son croissant puis elle grossit au fur et à mesure que les nuits passaient. Une lune pleine allait bientôt apparaître. Et il n'y avait aucune trace d'aurochs.

Un jour, alors que les hommes suivaient une rivière, un jeune garçon apparut. Il était aussi surpris que les chasseurs et n'osait avancer. Sikks blêmit et recula.

Les hommes engagèrent le garçon à les rejoindre.

– Viens, n'aie pas peur. D'où sors-tu ?

Le garçon montra de la tête un endroit derrière lui.

– Parle ! Tu n'es pas seul ?

L'enfant fit signe que non. Il expliqua par gestes que le campement était à une heure de marche de là. Il ajouta :

– Vous êtes sur la terre de chasse du clan du **mammouth**. Les chasseurs de chez nous ne vont pas aimer ça.

– Nous, nous chassons l'aurochs, expliqua Alep.

– Mais il n'y a plus d'aurochs, assura l'enfant.

Vous feriez mieux de repartir.

– Quel est ton nom ? demanda Alep.

– Je m'appelle Arek, répondit l'enfant et je viens d'un autre clan avec ma sœur.

Au même moment une silhouette se glissa sans bruit derrière un arbre. Le jeune garçon fut le seul à l'apercevoir. Il détala alors si vite que les hommes crurent avoir rêvé cette rencontre. Quelques herbes crissèrent et deux formes légères coururent au loin.

– Nous ne sommes pas venus jusqu'ici pour repartir sans raison ! s'écrièrent les hommes. Ce n'est quand même pas un enfant qui va nous dire ce que l'on doit faire !

Et ils avancèrent dans la direction qu'avait indiquée le garçon.

8

Huit huttes semblables aux leurs se dressaient sur des piliers de bois. Elles semblaient désertes, mais les hommes savaient qu'il ne fallait pas se fier aux apparences. Ils s'arrêtèrent à bonne distance. Le jeune garçon avait dû porter la nouvelle de leur arrivée car bientôt un homme au visage rude s'avança.

– Je sais ce que vous êtes venus chercher, dit-il assez froidement. Les aurochs, vous ne les trouverez pas, ajouta-t-il. Mais je ne vais pas vous laisser repartir ainsi. Chez nous, nous faisons bon accueil aux étrangers. Ce soir, vous resterez dans notre camp et vous nous raconterez les histoires de votre clan.

Les hommes acceptèrent l'invitation. Il leur tardait de manger de la vraie nourriture et de dormir dans une hutte.

Les familles du clan du mammouth étaient d'une grande politesse. Elles ne montrèrent aucune curiosité et attendirent que leurs hôtes soient reposés pour parler.

Après le repas, tous se réunirent autour des nouveaux venus. Mais où était donc passé le jeune garçon ? Personne n'osait poser la question. Ce fut le sorcier Alian qui prit la parole.

– Vous vous demandez où est le jeune Arek ? Je crois qu'il n'a pas très envie de vous voir. Et puis, il n'est pas seul. Quand il est arrivé chez nous...

Sikks était livide.

– ... voici quelques lunes, il ne parlait pas notre langue. Il venait d'un camp que nous ne connaissions pas. C'était un clan d'ailleurs et d'un autre temps. Mais le garçon est intelligent, il a vite appris...

Et le sorcier se tut, comme s'il revoyait ce qui s'était passé ces derniers temps.

Alep dit à son tour :

– C'est toujours une bonne chose d'accueillir ceux qui viennent de loin. Ils apprennent de nous et nous, nous apprenons d'eux.

Le sorcier reprit :

– Oui, et l'on s'aperçoit que notre Mère la Terre veut des choses étranges. Tenez, elle nous a envoyé ce garçon et une fille, un peu plus tard. Ils sont comme deux gouttes d'eau, comme deux amandes dans une même coque. Ils ont sur le front le signe de la dent du loup. Il faut croire que le signe les protège parce que je ne sais pas comment ils ont pu survivre au déluge qui a emporté tous les hommes du clan du loup. Ils n'ont plus de parents, personne,

personne d'autre que nous.

Sikks dit d'une voix tremblante :

– Deux amandes dans une même coque, il y a forcément une amande trop faible pour vivre. Est-ce qu'il ne faut pas la jeter ? Et si on ne la jette pas, est-ce que notre Mère la Terre ne se fâche pas ?

– Pourquoi se fâcherait-elle ? s'écria Alep. Tu as bien vu qu'elle ne s'est pas mise en colère pour le jeune garçon et l'amande qui était dans la même coque. Elle a voulu que du clan du loup survivent un garçon courageux et une fille vaillante. Mais pourquoi es-tu si tourmenté Sikks ? Tu as peur pour les bébés de ta compagne ?

– Oui, dit Sikks. Et j'ai fait tout ce chemin pour qu'un sorcier me dise ce que je dois faire.

– Regarde ! ordonna Alian le sorcier. Et tu comprendras ce que tu dois faire.

Alors, d'une hutte à l'extrémité du campement surgirent deux enfants, un garçon et une fille, de neuf ans environ.

– Regardez-les, dit Alian, et retenez tous leur nom : Arek et Asila, les jumeaux du clan du loup. Ils ont été séparés, ils ont su vivre chacun de leur côté, mais, au bout du compte, ils se sont retrouvés. Voilà ce que notre Mère la Terre nous dit : deux amandes dans la même coque, ce n'est pas le signe d'un malheur, mais celui d'un bonheur double.

Et c'est ainsi que furent sauvés les deux enfants de Skana.

FIN

Questions
sur le récit

1. Qui est le personnage principal ?

2. Quel malheur lui arrive-t-il au début de l'histoire ?

3. Comment se termine l'histoire ?

4. Est-ce une histoire vraie ? Comment le sais-tu ?

5. Indique trois choses que tu as apprises sur les hommes de la Préhistoire à travers cette histoire.

Recherches

Lorsqu'Asila est dans la grotte (voir page 19), elle dessine quelque chose que les hommes préhistoriques ont rarement dessiné. Que dessine-t-elle ?

Que dessinaient les hommes préhistoriques sur les parois des grottes ?

Cherche tes réponses en te servant de tous les documents présents dans ce livre.

Lire un texte documentaire

De petits hommes singes. Une histoire de cerveau.
Le premier homme et ses outils. Le feu et ses bienfaits.
Les voyages d'*Homo erectus*.
Avec les hommes de Neandertal. Des hommes modernes venus d'Orient.
Sur la piste des mammouths. Le temps des artistes.
Premiers éleveurs, premiers fermiers.

Des lointains australopithèques, apparus il y a plus de 3 millions d'années, à nos ancêtres directs, les hommes de Cro-Magnon et leurs successeurs, l'aventure humaine est riche de mille événements. Apprendre à marcher debout, fabriquer les premiers outils, découvrir la parole, maîtriser le feu, conquérir la planète tout entière, domestiquer la nature... Voilà quelques grandes étapes de cette histoire dont nous sommes les héritiers.

Au cœur des savanes d'Afrique, à travers l'Asie et l'Europe, en découvrant *Homo habilis, Homo erectus* et les hommes modernes, en pénétrant dans les grottes profondes des artistes, en suivant les premiers "Américains", vous allez vivre une aventure exceptionnelle tout au long de séquences dessinées...

LES IMAGES DE LA CONNAISSANCE

L'aventure des hommes de la Préhistoire
Les temps des Celtes, des Romains, des Germains
Les volcans et les tremblements de terre
A la découverte de la Terre
L'aventure du monde vivant
Les ordinateurs, les robots et nous

NATHAN

9 782092 774113

Extrait de

L'Aventure des hommes de la Préhistoire

Anne-Marie Bacon et Véronique Ageorges,
coll. « Les images de la connaissance »,
Nathan.

En suivant l'homme de Cro-Magnon

L'homme de Cro-Magnon... Ce nom vous dit sans doute quelque chose. En fait, nous l'utilisons souvent pour parler de l'homme, notre ancêtre. Mais d'où vient cette appellation ? D'une découverte importante, faite à la fin du siècle dernier. En 1868, en effet, des ouvriers travaillent à la construction de la ligne de chemin de fer Agen-Périgueux. Ce sont eux, grâce à un heureux coup de pioche, qui découvrent les ossements de cinq squelettes humains.

Comme l'endroit s'appelle Cro-Magnon, les préhistoriens vont conserver ce nom pour désigner les hommes **fossiles** qui viennent ainsi d'être mis à jour. Bien d'autres hommes modernes seront par la suite découverts en cette fin du XIXe siècle : à Chancelade, à Laugerie, à Solutré, à Combe-Capelle, à Obercassel, à Grimaldi, à Predmost. Et avec eux, de nombreux outils, ceux du paléolithique supérieur, une nouvelle époque de la pierre taillée.

Portrait de notre ancêtre

Par rapport aux néandertaliens, trapus, au crâne volumineux, bas et allongé, à la face projetée en avant, l'homme moderne présente des caractères uniques. Ses os sont longs et fins, son front se redresse et son menton pointe vers l'avant. Son crâne, souvent d'un volume inférieur à celui des **néandertaliens**, s'arrondit. Les

L'histoire de l'homme moderne, comme celle de ses prédécesseurs, est marquée par les déplacements, les migrations… Ici, un petit groupe longe une côte, en Europe. Hommes, femmes et enfants sont à la recherche d'un refuge naturel. Ils ont profité du printemps pour partir vers de nouveaux espaces. Ils sont légèrement vêtus de quelques peaux de bêtes. Leur corps est élancé, musclé aussi.

Avant la tombée de la nuit et la fraîcheur du soir, les nouveaux arrivants se nourrissent pour reprendre des forces. Ils mangent des fruits et des baies cueillis pendant le voyage, ainsi que le gibier capturé en chemin. Vus de profil, ces hommes présentent un visage droit, un front haut. Ils nous ressemblent.

arcades sourcilières, peu saillantes, surmontent des orbites rectangulaires. En outre, ses dents et ses mâchoires sont plus petites, son nez moins important. Enfin, il est grand : environ 1,80 mètre. Ce portrait, c'est le nôtre !

Un succès sans précédent

L'homme de Cro-Magnon est également moderne par les civilisations qu'il va développer. Avec lui, la chasse et la cueillette, parfaitement maîtrisées, vont connaître des performances encore jamais atteintes. Cela signifie que cet homme affirme de plus en plus son emprise sur la nature, dont il dépend toujours complètement pour sa survie. Il crée de

Ailleurs, un autre groupe d'hommes modernes pénètre à l'intérieur des terres. Ceux-ci longent la lisière d'une forêt de bouleaux. Les hommes modernes du paléolithique supérieur ont su coloniser la terre entière. Seul l'Antarctique, le continent gelé, est resté hors d'atteinte. En France, dans le Sud-Ouest, ils vont laisser de nombreuses traces de leur installation.

nouveaux outils, en pierre bien sûr, mais aussi avec des matériaux plus malléables, tels que l'os et les bois de cerf.

Et puis, cet *Homo sapiens sapiens* laisse partout où il passe un autre témoignage de sa présence. Des sculptures, des peintures, des gravures surgissent du fond des temps. Ces premières créations, qui sont parfois de véritables chefs-d'œuvre artistiques – certaines notamment atteignent une véritable perfection dans l'art animalier –, sont évidemment très riches d'enseignement pour les chercheurs. Elles ne sont pas toujours faciles à interpréter.

Les maîtres de l'os et de la pierre taillée

Quelle que soit la réalité des outils de l'homme de Néandertal, il est difficile de les confondre avec ceux de l'homme moderne. Celui-ci en multiplie les formes, assure une taille de plus en plus fine... La principale nouveauté tient à l'apparition de lames et **burins** de petite ou de moyenne dimension. Parallèlement, l'homme de Cro-Magnon développe le travail de l'os, qui devient aussi important que celui de la pierre. Il crée des outils en bois de **cervidé**, en ivoire.

Des grands chasseurs

Les hommes du paléolithique supérieur connaissent d'abord les très grands refroidissements à la fin du Würm (dernière grande phase de glaciation commencée il y a 80 000 ans). C'est alors le paradis des chasseurs qui traquent,

Le paléolithique supérieur débute il y a environ 35 000 ans. Ci-dessous, vous découvrez quelques outils très caractéristiques de cette nouvelle période de la pierre taillée. De gauche à droite, lame en silex, burin, pointe et feuille de laurier témoignent de la qualité de cette industrie de plus en plus « sophistiquée ».

de l'Espagne à la Russie, le gibier abondant de la **toundra**. Leurs armes sont efficaces et ils maîtrisent alors parfaitement leur art pour capturer grands et petits animaux.

Sur la piste des mammouths

Avec les hommes de Cro-Magnon, qui s'installent en Europe il y a plus de 35 000 ans, nous entrons dans la période que les préhistoriens ont appelé le « paléolithique supérieur ». Chasse et cueillettes demeurent les activités essentielles sous le climat rigoureux des glaciations.

Les produits de la chasse

Les gibiers que capturent les hommes de Cro-Magnon sont en effet vitaux pour la survie du groupe. Ils fournissent d'abord de la viande, base de l'alimentation. Mais les animaux procurent aussi peaux et fourrures qui protègent du froid, des bois de cervidés et l'ivoire, matériaux très utiles pour réaliser certains outils ou des

Malgré le froid, les hommes ont quitté la chaleur du foyer pour une grande chasse. Du haut d'une falaise rocheuse, ils observent quatre mammouths qui se déplacent lentement. Ce sont des animaux imposants, à la fourrure épaisse.

Le mammouth gît sur le flanc. Les hommes osent s'en approcher pour l'achever. Un autre travail commence : le dépeçage. Couteaux et lames entrent en action. Viande, peau, os, ivoire : quel formidable butin !

objets décoratifs...

Chevaux sauvages, bisons, plus rarement mammouths, et surtout les rennes sont donc au tableau de chasse de ces hommes. Ils possèdent des armes et des techniques très au point, qui leur permettent de s'attaquer aux animaux les plus imposants. Les **propulseurs**, par exemple, rendent le tir plus puissant et plus efficace.

À la fin du paléolithique supérieur, l'arc apparaîtra, plus redoutable encore.

Les préhistoriens ont retrouvé de véritables lieux d'abattage. Ils illustrent l'importance de la chasse et l'habileté des hommes qui savent inventer divers stratagèmes pour entraîner des troupeaux entiers au fond des précipices. Ainsi, environ 10 000 chevaux ont été retrouvés près de Solutré, en France. À Pavlov, en République tchèque, ce sont les restes d'une centaine de mammouths qui ont été découverts...

Aiguilles et vêtements

Les peaux et les fourrures – hélas pour les préhistoriens ! – disparaissent avec le temps. Les fossiles de vêtements n'existent pas ! Pourtant, nous en connaissons certains grâce à la découverte de figurines étonnantes. Ainsi, en Russie, des petites sculptures symbolisent des hommes emmitouflés dans des anoraks, des pantalons et des bottes en fourrure. Ces vêtements n'auraient pas pu être réalisés sans l'invention de l'aiguille. Mais avant d'être cousues et assemblées, les peaux sont d'abord percées de trous.

La peau ne sera pas oubliée. Tendue à même le sol, il faut la préparer. Une femme, à l'aide d'un racloir, ôte les lambeaux de chair et de graisse qui y adhèrent encore. Grattoirs, couteaux et lames : toute une gamme d'outils très utiles pour mener à bien ce travail. Nettoyées, les peaux permettent de se vêtir, de s'abriter, de se réchauffer...

Des huttes légères pour les nomades

Mais les chasseurs-cueilleurs sont aussi des **nomades**. Ils suivent probablement les animaux, tels les rennes, lors de leurs migrations. En été, ils dressent de légères huttes, faites de bois et de peaux, à proximité des passages du gibier, près des **gués** des grands fleuves par exemple.

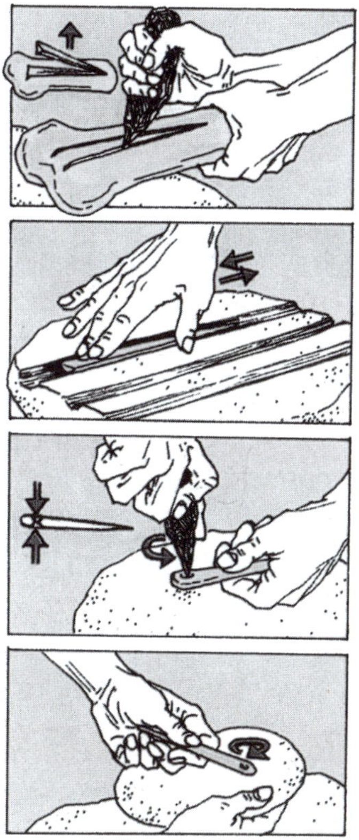

Les hommes de Cro-Magnon ont aussi inventé l'aiguille. Elle est d'abord taillée dans un os, puis elle est amincie par **polissage** sur une pierre. Enfin, avec un perçoir, le chas est troué. Ce petit outil est beaucoup plus important qu'il n'y paraît. Grâce à lui, les peaux vont pouvoir être assemblées.
Les vêtements cousus seront plus confortables, plus pratiques, plus chauds…

questions
sur le texte documentaire

1. Quelles ressemblances y a-t-il entre le texte *Les Jumeaux du clan du loup* et le texte que tu viens de lire ?

2. Dans le texte *Les Jumeaux du clan du loup*, rappelle-toi quels sont les personnages de l'histoire ? Quel est le personnage principal ?

3. Retrouves-tu des personnages et un personnage principal dans le texte que tu viens de lire ?

4. Peux-tu maintenant dire ce qui fait la différence entre les deux textes ?

5. Qu'as-tu appris sur la tenue vestimentaire des hommes de Cro-Magnon ?
Qu'as-tu appris sur leurs techniques de chasse ?

1

Qu'est-ce que la Préhistoire ?

L'écriture est le langage écrit. Elle permet de fixer n'importe quelle idée, n'importe quelle pensée. La mémoire peut ainsi se transmettre, intacte, à travers les années, les siècles, les millénaires. L'écriture a été inventée il y a plus de 5 000 ans par les peuples du Moyen-Orient. (...) **C'est avec l'apparition de l'écriture que commence l'histoire**. Peu à peu, l'homme prit l'habitude de raconter les événements, de fixer les traditions sur des tablettes d'argile, des peaux, des écorces, des pierres, des papyrus. Cependant, l'homme d'avant l'écriture a également une histoire, une histoire beaucoup plus longue, car elle plonge dans un très lointain passé. Dans l'état actuel de nos connaissances : plus de **7 millions d'années, soit 70 000**

siècles ! Cette longue période, nous l'appelons Préhistoire. Elle retrace l'aventure de l'homme depuis son apparition sur la Terre jusqu'aux premiers témoignages écrits. Il s'agit, bien sûr, d'une histoire d'individus anonymes, car nous ignorons tout de leur comportement individuel.

2 Comment étudie-t-on la Préhistoire ?

Faute de pouvoir disposer de documents écrits, les préhistoriens tirent l'essentiel de leurs connaissances **des vestiges et des indices retrouvés enfouis dans le sol**. Il s'agit surtout d'armes et d'outils en pierre et en os, d'ossements d'animaux consommés, de déchets de la taille du silex, d'objets de parure, de statuettes. Parfois aussi, ce sont des traces de foyers, de huttes ou de cabanes dont les marques sont restées inscrites dans le sol. Ailleurs, ce sont les restes d'un mort enterré avec quelques objets, ou bien des peintures exécutées sur les parois d'une grotte.

3 Quand l'homme est-il apparu sur la Terre ?

Aujourd'hui, pour les chercheurs, *Homo erectus* est le premier homme véritable. **Son apparition remonte à environ 1,5 million d'années** et l'on a retrouvé de nombreux vestiges aussi bien en Afrique qu'en Europe et en Asie. (…)

Homo erectus a déjà presque notre

taille (entre 1,50 m et 1,70 m) et notre poids. Comme chez l'australopithèque, le nez est épaté, le front fuyant ; il possède de fortes arcades sourcilières et peu de menton. Son cerveau, plus grand, atteint les deux tiers du nôtre, et il est capable de parler. Les plus anciens *Homo erectus* ont plus de un million d'années, les plus récents 100 000 ans.

4

L'homme descend-il du singe ?

On dit couramment que l'homme descend du singe, mais une telle affirmation est inexacte. Parmi tous les êtres vivants, l'homme partage sans aucun doute un « air de famille » avec les grands singes actuels, comme l'orang-outan, le gorille ou le chimpanzé. (...) Cependant, l'homme n'est en aucun cas leur descendant, mais plutôt leur **lointain cousin** ; cela signifie qu'il partage avec eux un ancêtre commun très éloigné.

Ce cousin a connu **une évolution accélérée due pour une large part aux modifications de son environnement.** Alors que ses proches parents, les grands singes, ne changeaient guère, il s'est redressé sur ses jambes, libérant ainsi ses mains qui allaient devenir de très bons outils à... fabriquer des outils. Son cerveau s'est mis à grossir, entraînant du même coup de nombreuses transformations de son crâne et de son mode de vie. C'est pourquoi l'homme peut paraître aujourd'hui très éloigné du monde animal. Il en fait pourtant bel et bien partie. L'homme, finalement, est devenu l'animal le plus évolué de ceux qui existent actuellement.

5 Quel est notre ancêtre direct ?

En 1968, des ouvriers travaillent à la construction d'une ligne de chemin de fer en Dordogne. Aux Eyzies, au lieu-dit de Cro-Magnon, ils découvrent dans une grotte masquée par des éboulis les restes fossilisés de cinq squelettes humains. Des restes vieux de **30 000 ans** ! Des vestiges du premier Européen moderne, que les savants ont baptisé ***Homo sapiens sapiens***, ou **homme de Cro-Magnon**. Cet homme-là est notre ancêtre, et nous lui ressemblons beaucoup. S'il vivait aujourd'hui parmi nous, rien ne le différencierait sur le plan physique.

6 Comment l'homme préhistorique allumait-il son feu ?

L'homme de Cro-Magnon utilise une technique qui consiste à **frotter avec vigueur un morceau de bois tendre contre une pièce de bois dur**. On obtient ainsi une fine poussière de bois brûlant avec laquelle on peut enflammer des mousses et des lichens bien secs. Une fois le feu allumé, il suffit de l'alimenter régulièrement avec du bois.

Grâce à **la domestication du feu**,

l'homme a pu se chauffer, se protéger des animaux sauvages, faire cuire ses aliments.

7

Que **mangeait** l'homme préhistorique ?

Aux temps préhistoriques, **l'homme vit de la chasse et de la cueillette**, se déplaçant souvent pour rechercher sa nourriture. Il mange tout ce qu'il trouve de bon dans la nature. Son menu est simple et varié à la fois ; il dépend aussi des régions. Nous le connaissons grâce aux milliers d'os retrouvés sur les anciens lieux d'habitation. Les australopithèques ont dû se contenter de fruits, de racines et de petits animaux qu'ils mangeaient crus.

Grâce à la maîtrise du feu, et en tenant compte aussi de la transformation du climat en Europe, la viande va occuper une place de choix dans l'alimentation de l'*Homo erectus* et de ses successeurs, Néandertal et Cro-Magnon (...). Le mammouth, avec ses 6 tonnes de viande à lui tout seul, représente de quoi nourrir une quarantaine de personnes durant plusieurs semaines ! (...)

Les plantes assurent aussi un complément important ; les vitamines qu'elles contiennent sont indispensables à la santé.

8

Comment l'homme préhistorique **chassait-il ?**

Principale activité de l'homme durant tout le paléolithique, **la chasse est alors essentielle à sa survie**. Elle lui procure de la nourriture et des matières premières nécessaires à la fabrication de ses armes, de ses outils et de ses vêtements (...).

À partir d'*Homo erectus*, la chasse se pratique **en groupe** ; elle devient une véritable expédition collective sous Cro-Magnon. L'homme s'attaque désormais à des bêtes plus puissantes et plus rapides que lui comme **l'éléphant, l'ours, le bison, le mammouth, le renne, le cheval ou le rhinocéros laineux**.

Grâce à une bonne observation des animaux, il connaît leurs mœurs et leurs points faibles. Il sait se camoufler pour approcher sans être vu ; il sait aussi tendre des pièges. Ici, par des cris ou des feux, il rabattra ses proies vers des marais où elles s'enliseront. Là, il creusera une fosse armée de pieux pointus dissimulés sous des branchages.

L'armement aussi se perfectionne. Cro-Magnon invente des armes efficaces comme l'hameçon ou le harpon à la tête détachable (...).

9

À quoi servaient les **constructions mégalithiques** ?

Les raisons pour lesquelles les **mégalithes** ont été édifiés demeurent assez mystérieuses. Les fouilles archéologiques nous ont apporté cependant quelques réponses. En Europe, **dolmens** et allées couvertes sont des **sépultures** ou des **monuments funéraires**, mais beaucoup n'ont livré aucune trace de restes humains. (...)

Devant le caractère monumental de certaines constructions, des chercheurs ont pensé à un cimetière de chefs ou de rois, ou alors à la sépulture d'un très grand personnage.

Le mystère des menhirs, alignements ou **cromlechs**, en revanche, demeure entier. Les **menhirs** servaient-ils de **repères** ? Les cromlechs et les alignements étaient-ils des observatoires astronomiques, des sortes de **calendriers** ou des **temples** où se déroulaient processions et sacrifices rituels ?

Extrait
de *Les Hommes*
de la Préhistoire
de Patrick Restellini,
Nathan, 1993.

Lire une bande dessinée

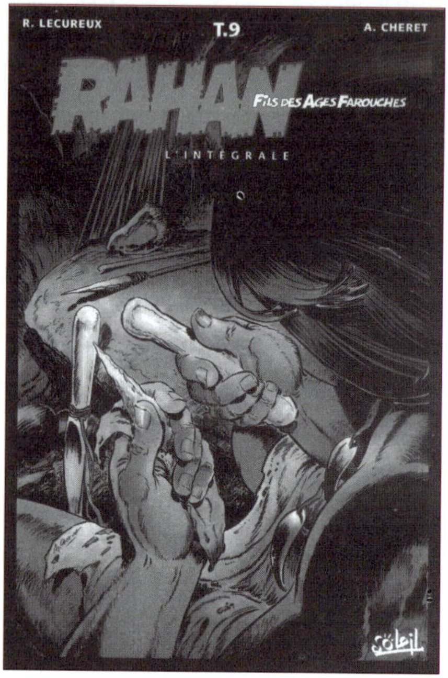

Extrait de
Rahan, fils des âges farouches, tome 9

R. Lécureux et A. Chéret, Soleil Production.

En blessant d'une pierre un esclave qui l'attaquait, Rahan permet à des chasseurs de rattraper un de leurs esclaves en fuite nommé Gagna.

Les chasseurs se mettent à frapper sauvagement Gagna de leurs lances. Rahan s'étonne de cette brutalité.

RAHAN NE DEVRAIT PAS AVOIR DE PITIÉ POUR CEUX QUI N'ONT PAS PLUS DE CERVELLE QUE LES "QUATRE-MAINS"*!
* SINGES.
VIENS AVEC NOUS AU VILLAGE. TU Y SERAS ACCUEILLI COMME UN FRÈRE!
LE REGARD DE RAHAN CROISA CELUI DE GAGNA. IL Y DÉCELA L'ACCABLEMENT ET LA CRAINTE.
ET IL SE DÉCIDA À SUIVRE CES CHASSEURS QUI POUSSAIENT LEUR CAPTIF SANS MÉNAGEMENT...
POURQUOI APPELLENT-ILS GAGNA "HOMME-SANS-TÊTE"? RAHAN VEUT SAVOIR!
LE GROUPE TRAVERSAIT UNE VASTE CLAIRIÈRE QUAND UN MARTELLEMENT RETENTIT...
UN "DEUX-NEZ"!!
LE RHINOCEROS QUI CHARGEA ÉTAIT UN GRAND MÂLE, UN DE CES SOLITAIRES QUE REDOUTAIENT TANT LES CHASSEURS... CEUX-CI S'ÉGAILLÈRENT EN HURLANT...
6

...ET GAGNA, PROFITANT DE CET INSTANT DE PANIQUE, S'ÉLANÇA VERS LA FORÊT.
QUE LE "DEUX-NEZ" PUNISSE LES HOMMES MAUVAIS !
TROP AFFAIRÉS À CHERCHER UN ABRI LES CHASSEURS NE SE SOUCIÈRENT PAS DU FUYARD...
REGARDEZ ! "CHEVEUX-DE-FEU" A PERDU LA RAISON ! REGARDEZ !
ATTAQUE, "DEUX-NEZ" ! ATTAQUE RAHAN !!
LE FILS DE CRÃO S'ÉLANÇAIT VERS LE PACHYDERME QUI VENAIT DE S'IMMOBILISER, CHERCHANT LES HOMMES DE SES YEUX MYOPES...
RAHAN SAVAIT QU'IL NE POUVAIT TERRASSER UN TEL MONSTRE. MAIS IL AVAIT UN AUTRE BUT : L'ATTIRER VERS LE LARGE FOSSÉ QU'IL AVAIT ENTREVU...
ATTAQUE, "DEUX-NEZ" ! AURAIS-TU PEUR DE RAHAN !?
LE RHINOCÉROS BALANÇAIT SA LOURDE TÊTE, OBSERVANT L'HOMME QUI GESTICULAIT DEVANT LUI. SES CORNES REDOUTABLES LABOURÈRENT LE SOL...
7

IL CHARGEA.
MAL EXCITÉ N'AVAIT
S QU'UN DÉSIR:
ASER, ÉVENTRER
ÊTRE AGILE
LE FUYAIT...
PAR ICI, "DEUX-NEZ" ! PAR ICI !
LES CHASSEURS EMBUSQUÉS NE COMPRENAIENT PAS. POURQUOI "CHEVEUX-DE-FEU" AVAIT-IL ATTIRÉ SUR LUI LA COLÈRE DU "DEUX-NEZ"?
FILS DES ÂGES FAROUCHES FIT
BRUSQUE CROCHET, IMITÉ PAR
MONSTRE... LE FOSSÉ N'ÉTAIT
IS QU'À CENT PAS DE LÀ...
LE PACHYDERME N'ÉTAIT PLUS QU'À TRENTE PAS DE RAHAN... VINGT PAS... ...QUINZE PAS... ...DIX PAS...
RAAAHAA!!
DANS UN BOND FANTASTIQUE RAHAN VENAIT DE S'ARRACHER DU SOL...
8

IL S'AGRIPPA DE JUSTESSE À L'AUTRE BORD DU FOSSÉ TANDIS QUE LE RHINOCÉROS SUR SA LANCÉE, SE PRÉCIPITAIT TÊTE BAISSÉE DANS LE PIÈGE IMPROVISÉ!
LA CLAMEUR DES CHASSEURS SALUA LA RÉAPPARITION DU FILS DE CRÃO.
"CHEVEUX-DE-FEU" VIENT DE PROUVER QU'IL N'EST PAS, LUI, UN "HOMME-SANS-TÊTE"!
RAHAN N'A AUCUN MÉRITE. LES "DEUX-NEZ" SONT AUSSI STUPIDES QU'ILS SONT PUISSANTS!
RECULANT POUR PRENDRE SON ÉLAN...
..RAHAN REFRANCHIT LE LARGE FOSSÉ D'OÙ LE MONSTRE NE SE DÉGAGERAIT JAMAIS PLUS.
TAMUD LUI-MÊME N'AURAIT PAS EU CETTE IDÉE POUR SE DÉBARRASSER D'UN "DEUX-NEZ"!
QUI EST TAMUD
9

Questions
sur la bande dessinée

1. À quoi vois-tu que le récit se déroule au temps de la Préhistoire ?

2. Ces hommes sont des chasseurs. Comment le sais-tu ?

3. Compte le nombre de vignettes. Compte celles où apparaît Rahan. Pourquoi est-il si souvent représenté ?

4. À ton avis, Rahan a-t-il existé ? Comment peux-tu le savoir ?

Recherches

Le monde d'Asila ressemble-t-il au monde de Rahan ? Si oui, comment le sais-tu ?

Des mots pour comprendre

AUROCHS : grand bœuf sauvage d'Europe, aujourd'hui disparu.

BAIE : petit fruit sauvage en forme de boule (groseilles, mûres, myrtilles).

BISON : bœuf sauvage, grand et massif, armé de cornes courtes et possédant une bosse entre les épaules.

BOIS DE CERF : sorte de cornes qui tombent et se renouvellent chaque année.

BURIN : outil en **silex**, à l'extrémité pointue et tranchante, servant à graver ou à tailler.

CERVIDÉS : famille des mammifères ruminants dont les mâles portent des **bois** (cerfs, daims, élans, rennes, caribous).

CROMLECH : ensemble monumental composé de **menhirs** disposés en cercle.

DOLMEN : monument composé de grandes pierres disposées en forme de table gigantesque.

FOSSILE : débris ou empreintes de plantes, animaux ou êtres humains d'une ère ancienne, conservés dans les roches.

GUÉ : endroit d'une rivière où le niveau de l'eau est assez bas pour que l'on puisse traverser à pied.

MAMMOUTH : grand éléphant à l'épaisse fourrure et aux longues défenses recourbées, aujourd'hui disparu.

MÉGALITHE : monument de pierre brute de grandes dimensions.

MENHIR : grande pierre brute allongée et dressée verticalement.

NÉANDERTALIEN, HOMME DE NÉANDERTAL : type d'homme qui vivait à l'ère paléolithique moyenne (vers 150 000 - 35 000 ans avant J.-C.).

NOMADE : personne qui n'a pas d'habitation fixe. Contraire : sédentaire.

OCRE : couleur d'un brun-jaune ou orangé.

POLISSAGE : action de rendre lisse une matière dure par frottement.

PROPULSEUR : baguette attachée à une lance ou à un harpon pour augmenter la force et la précision du lancer.

SILEX : roche très dure qui servait à fabriquer des outils ou des armes.

TOTEM : animal considéré comme l'ancêtre et le protecteur d'un clan.

TOUNDRA : grande plaine des régions arctiques du nord de l'Europe, de l'Asie et de l'Amérique où pousse une végétation pauvre.

TOURBE : matière noirâtre résultant de la décomposition de plantes à l'abri de l'air et utilisée comme combustible.

Les arts de la Préhistoire

1 Les traces laissées par les hommes préhistoriques

Les traces que nous ont laissées les hommes de la Préhistoire sont de différentes natures : empreinte, gravure, dessin, peinture, signe... On en a trouvé sur les parois des grottes ou d'abris sous roches, sur des dalles recouvrant un sol, sur des pierres, des os...

Certaines sont parfois de véritables chefs-d'œuvre et toutes permettent aux historiens d'aujourd'hui d'en savoir plus sur la Préhistoire.

Trace : empreinte, gravure, dessin, peinture, signe (mains, traces de doigts,...).

→ Observe la couverture de *La Documentation par l'image*. Tu trouveras des traces de doigts laissées par les hommes préhistoriques. Observe les couleurs.

à ton tour !

Matériel : des feuilles de papier, de la peinture.

Sur une feuille de papier, réalise un fond à l'éponge pour imiter la paroi des grottes. Pour laisser toi aussi une trace à la façon des hommes préhistoriques, tu disposes de plusieurs possibilités :

- tu peux tremper ta main dans la peinture et la poser sur la feuille ;
- tu peux poser ta main sur la feuille et vaporise de la peinture autour (technique du pochoir) ;
- tu peux tracer avec tes doigts des lignes de couleur (noir, ocre, brun, rouge, orange, jaune).

Tu peux répéter et/ou superposer les traces que tu as réalisées.

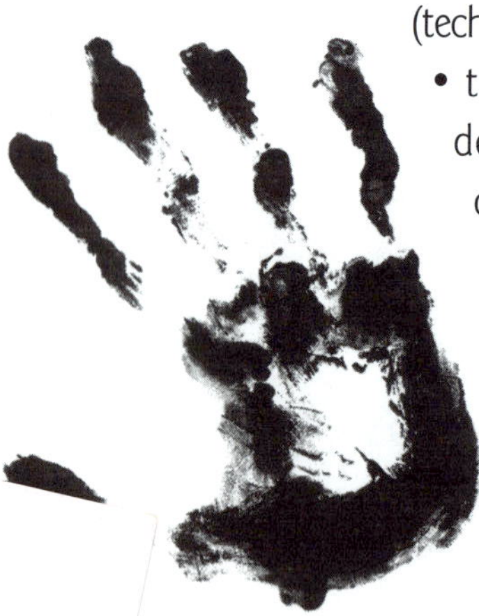

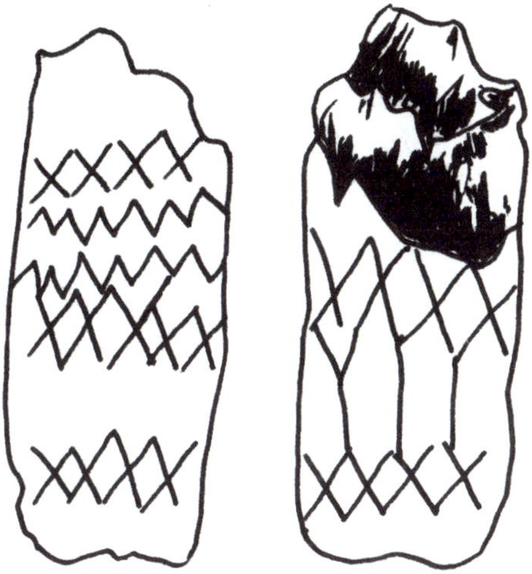

Pour marquer sa propriété, l'homme gravait des hachures, des « x » ou des losanges. Ces signes étaient en quelque sorte une « signature ».

→ Observe ci-dessus ces deux faces d'os gravées retrouvées à Laugerie-Basse en Dordogne.

à ton tour !

Matériel : un couvercle de boîte à chaussures, du plâtre ou de la pâte autodurcissante, de l'eau, un stylo à bille ou la pointe d'un compas.

Verse dans le couvercle du plâtre ou de la pâte autodurcissante. Attends que cela soit sec puis démoule.
Avec un stylo à bille usagé ou la pointe d'un compas, grave des «X», des «V», ou d'autres signes que tu inventeras.

2 Les représentations de la vie

Outre des animaux, des signes géométriques et des empreintes de mains, on trouve aussi des représentations d'êtres vivants.

→ On a baptisé le personnage ci-dessus «l'archer courant». Il a été découvert dans la grotte de Batusoland en Afrique du Sud.

à ton tour !

Matériel : des feuilles de papier, un feutre noir.

Observe le personnage en bas de la page 76 : on voit que l'artiste lui a donné de longues jambes pour qu'il puisse mieux courir.
Dessine un personnage en exagérant une partie de son corps : pour un footballeur, ce sera le pied ; pour un basketteur, la taille. Et pour une danseuse ? Et pour une joueuse de tennis ?

→ Ici, homme et animaux sont représentés par quelques traits simples. Tu reconnaîtras deux animaux à cornes attelés à une charrue menée par un homme. Cette gravure a été retrouvée dans la vallée des Merveilles (Alpes-Maritimes).

à ton tour !

Matériel : des magazines, des ciseaux, du papier-calque, des feutres.

Découpe une photo d'animal dans un magazine puis place une feuille de papier-calque dessus.
Au feutre noir trace trois ou quatre lignes qui permettront de reconnaître l'animal.
Demande ensuite à un camarade de l'identifier.
Aide-toi de l'exemple ci-dessous :

Les hommes de la Préhistoire ont sculpté dans l'argile (terre), le calcaire, le grès (roches), l'os ou l'ivoire (défenses d'éléphant).
Ils ont représenté des animaux mais aussi des femmes aux formes généreuses.
Regarde cette vénus sculptée dans l'ivoire, elle a été retrouvée à Lespugne (Haute-Garonne).

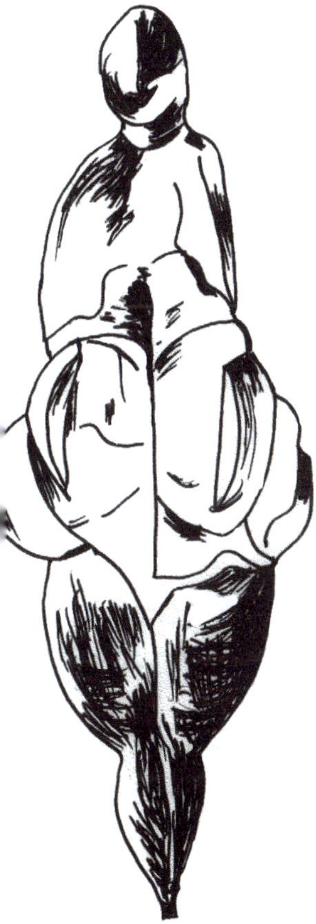

à ton tour !

Cherche des photographies de sculptures de femmes qui datent de différentes époques.
Compare-les à la statue ci-contre.

Ouvrage sous la direction de Claudette Lecuyer,
avec la collaboration de Christine Bialès, Jean Corbucci,
Jean-Pierre Gossart, Armelle Hiéblot et Chantal Lemosse.

Une fiction de Claudette Lecuyer, illustrée par François Davot.

Un texte documentaire extrait de *L'Aventure des hommes de la Préhistoire*, de Anne-Marie Bacon et Véronique Ageorges,
collection « Les images de la connaissance » © Nathan.

Des questions-réponses extraites de
Les Hommes de la Préhistoire, de Patrick Restellini,
collection « Questions/Réponses junior » © Nathan.

Des planches de bande dessinée extraites de
Rahan, fils des âges farouches, tome 9,
de R. Lécureux et A. Chéret © Lécureux Production.

Des activités artistiques illustrées par Claudette Lecuyer.

Édition : Pauline Bocquillon et Pascale Costet.
Illustration de couverture : François Davot.
Conception graphique, mise en page et couverture : iow 2.10.

N° de projet : 10126119 – Mars 2006
Imprimé en France par EMD S.A.S – N° dossier : 15054